NAME :

....

....

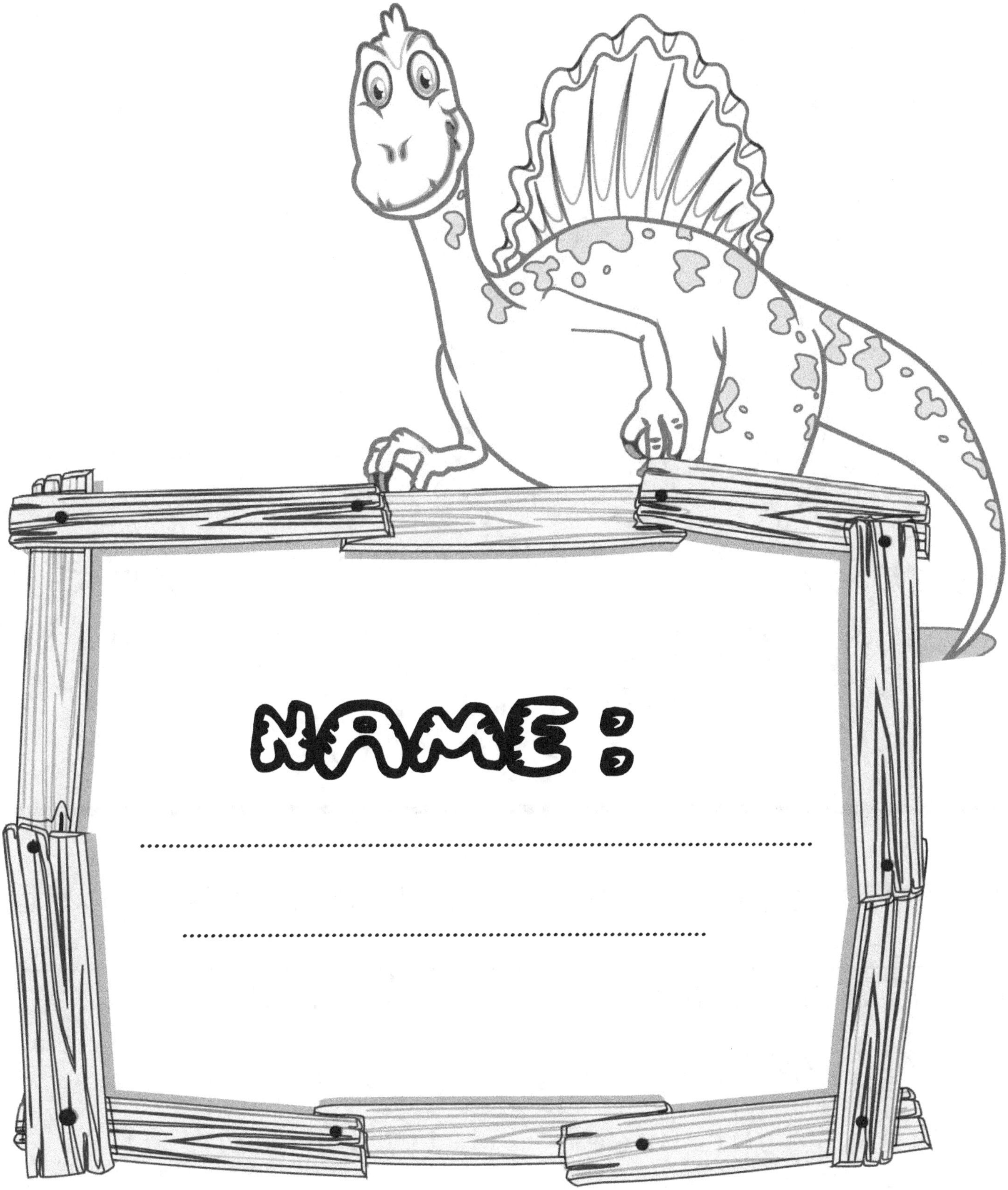

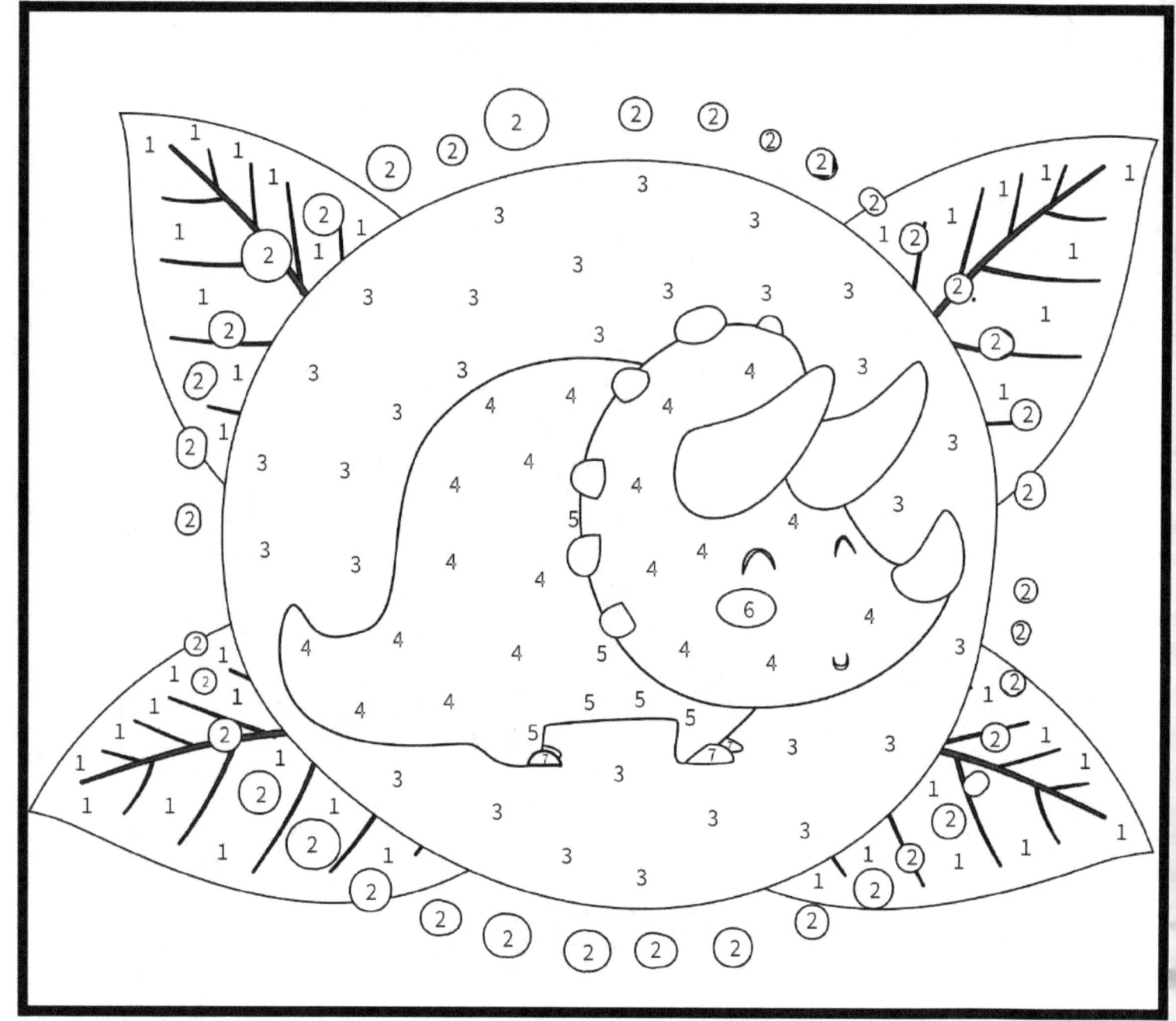

Use the color code to finsh the picture

① Dark Green		⑤	Red
② Yellow		⑥	Pink
③ Light Green		⑦	Brown
④ Orange		○	White

Now, It's Your Turn

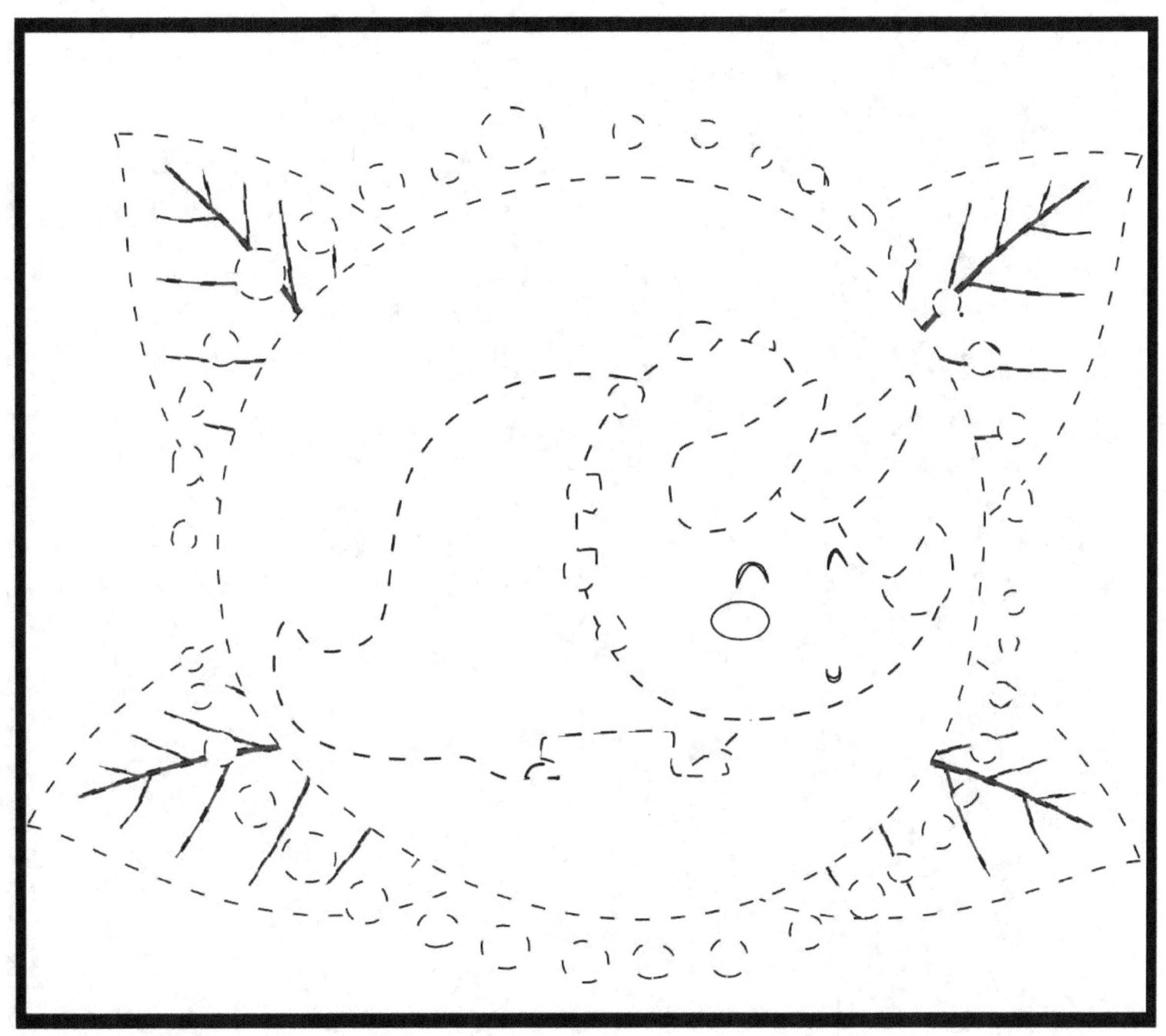

Try To Draw It
And Choose Your Colors!

**Choose the coloring tools you want,
this black page will protect your drawings.**

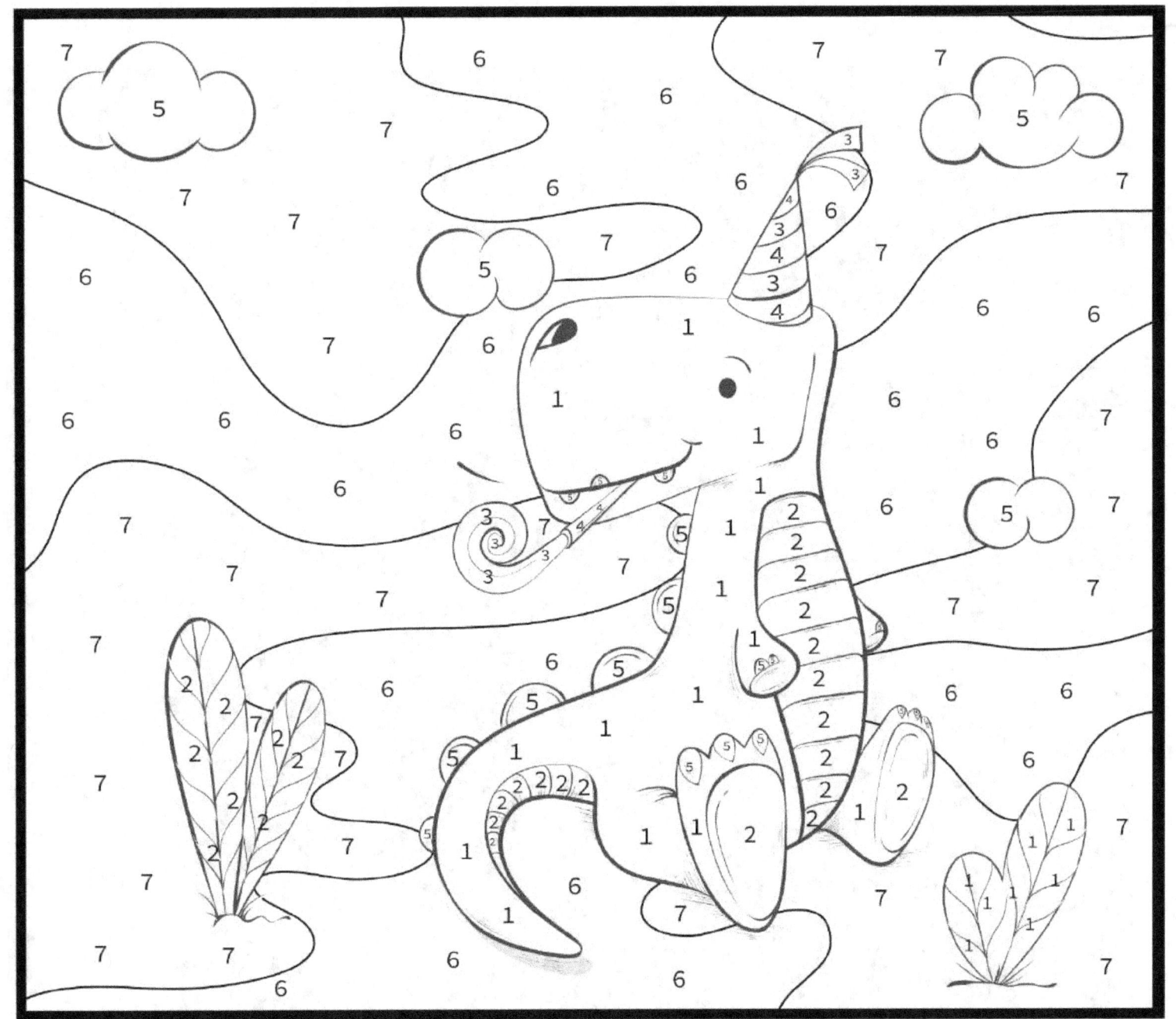

Use the color code to finsh the picture!

① Dark Green   ⑤ White
② Light Green   ⑥ Orange
③ Pink   ⑦ Yellow
④ Blue

**Choose the coloring tools you want,
this black page will protect your drawings.**

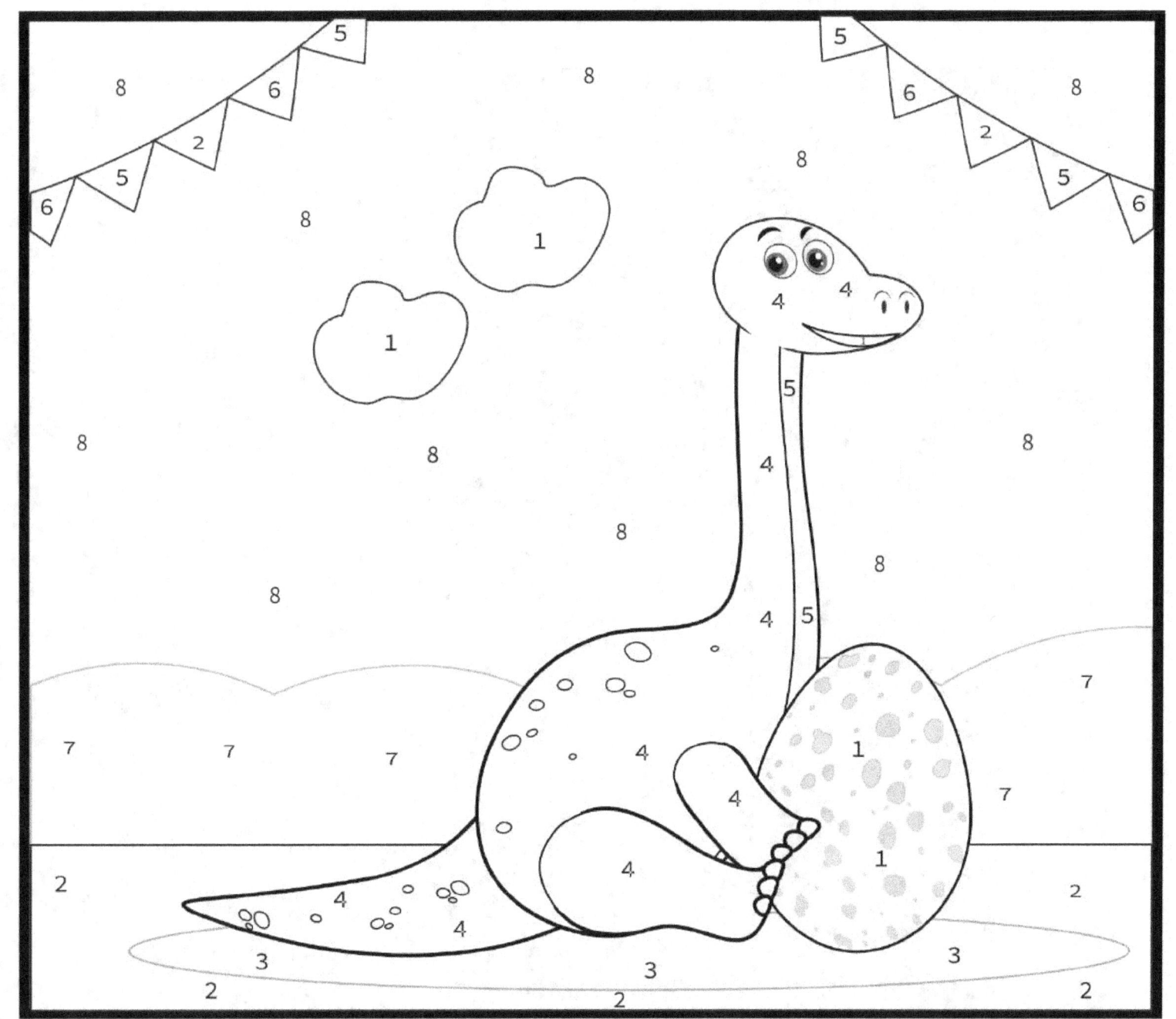

Use the color code to finsh the picture!

① White ⑤ Yellow
② Light Green ⑥ Red
③ Dark Green ⑦ Light Blue
④ Purple ⑧ Dark Blue

**Choose the coloring tools you want,
this black page will protect your drawings.**

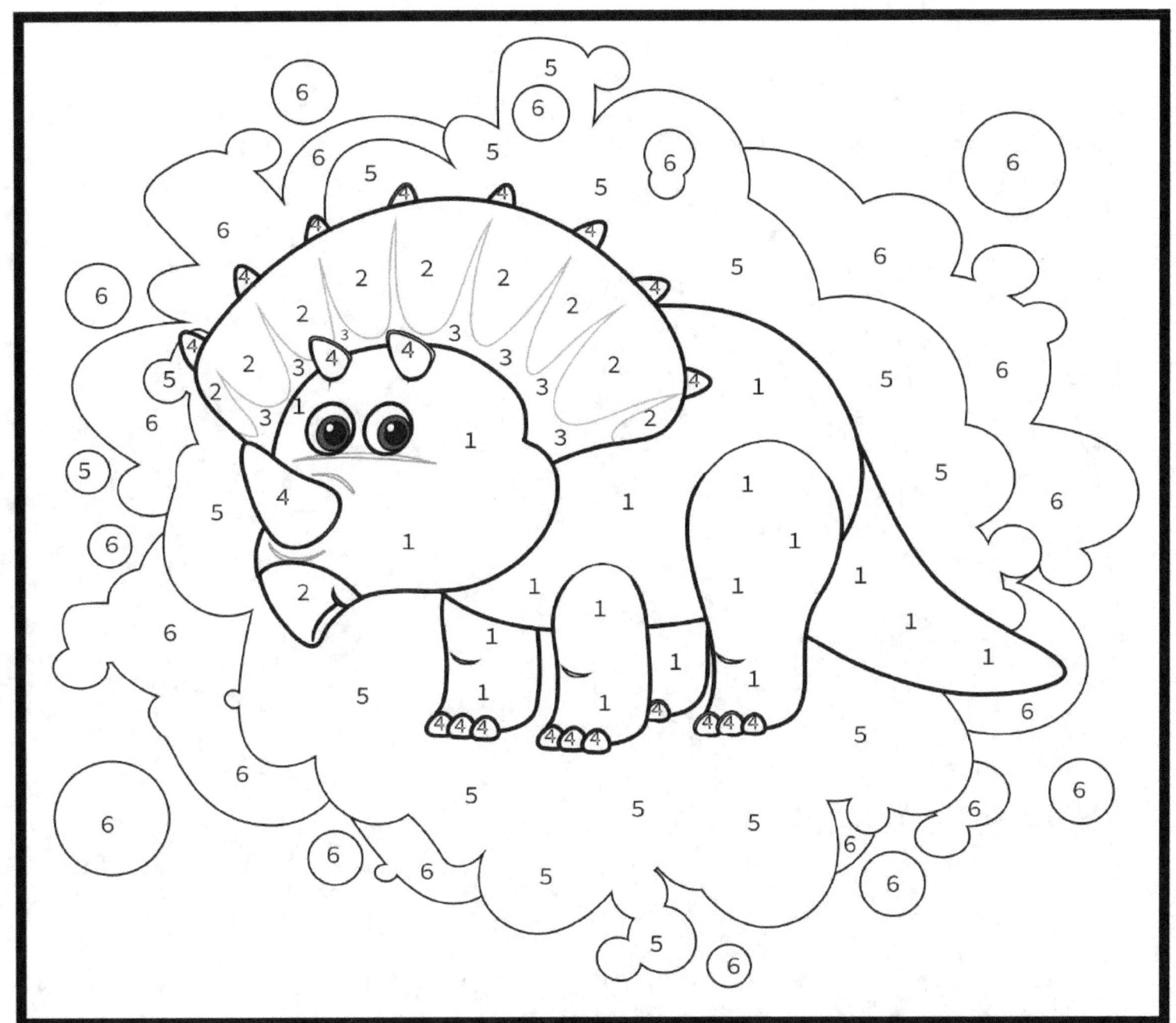

Use the color code to finsh the picture!

① Yellow
② Orange
③ Brown
④ White
⑤ Light Blue
⑥ Dark Blue

**Choose the coloring tools you want,
this black page will protect your drawings.**

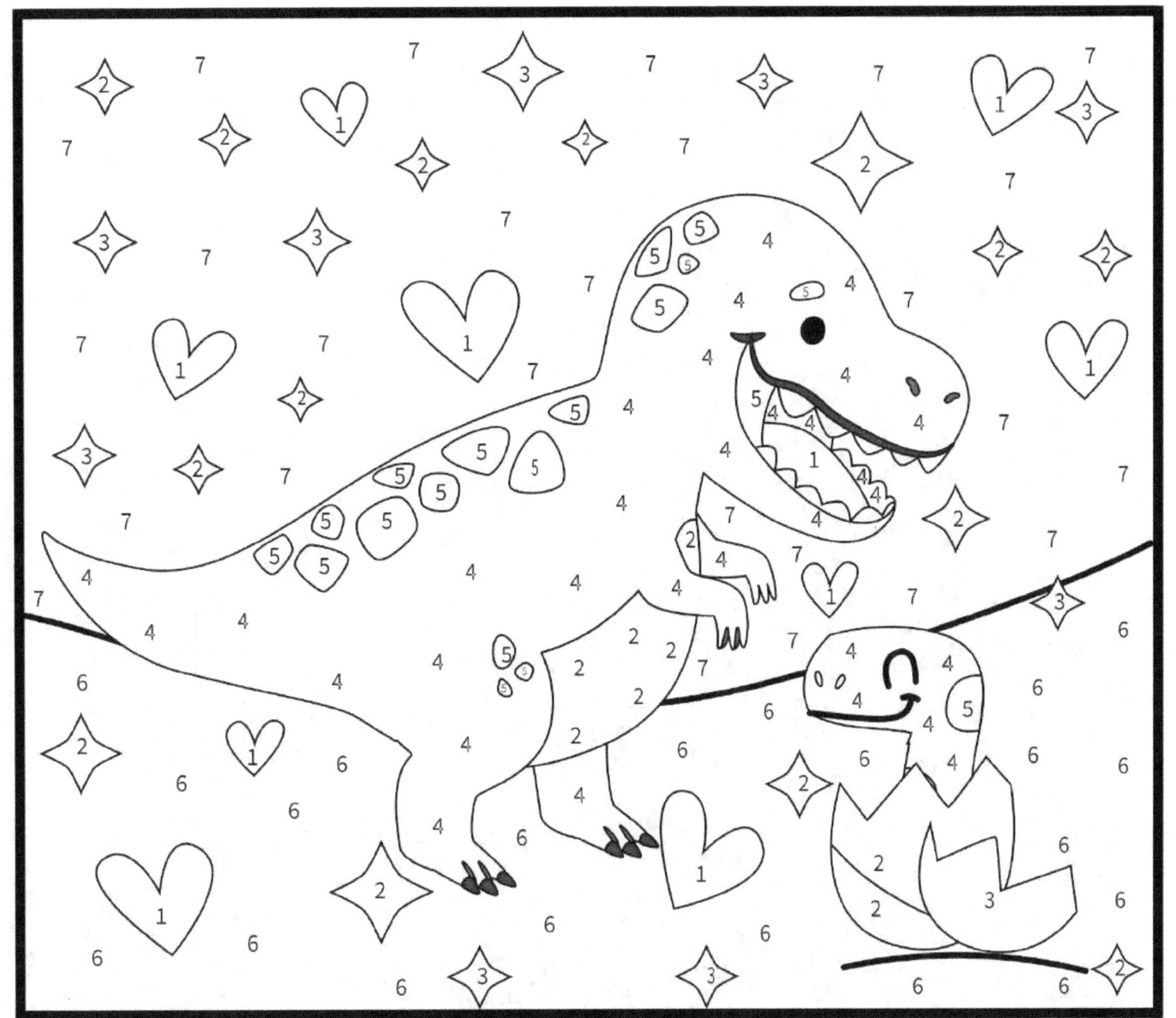

Use the color code to finsh the picture!

① Red ⑤ Dark Green
② Yellow ⑥ Blue
③ Orange ⑦ Brown
④ Light Green ◯ White

**Choose the coloring tools you want,
this black page will protect your drawings.**

Now, It's Your Turn

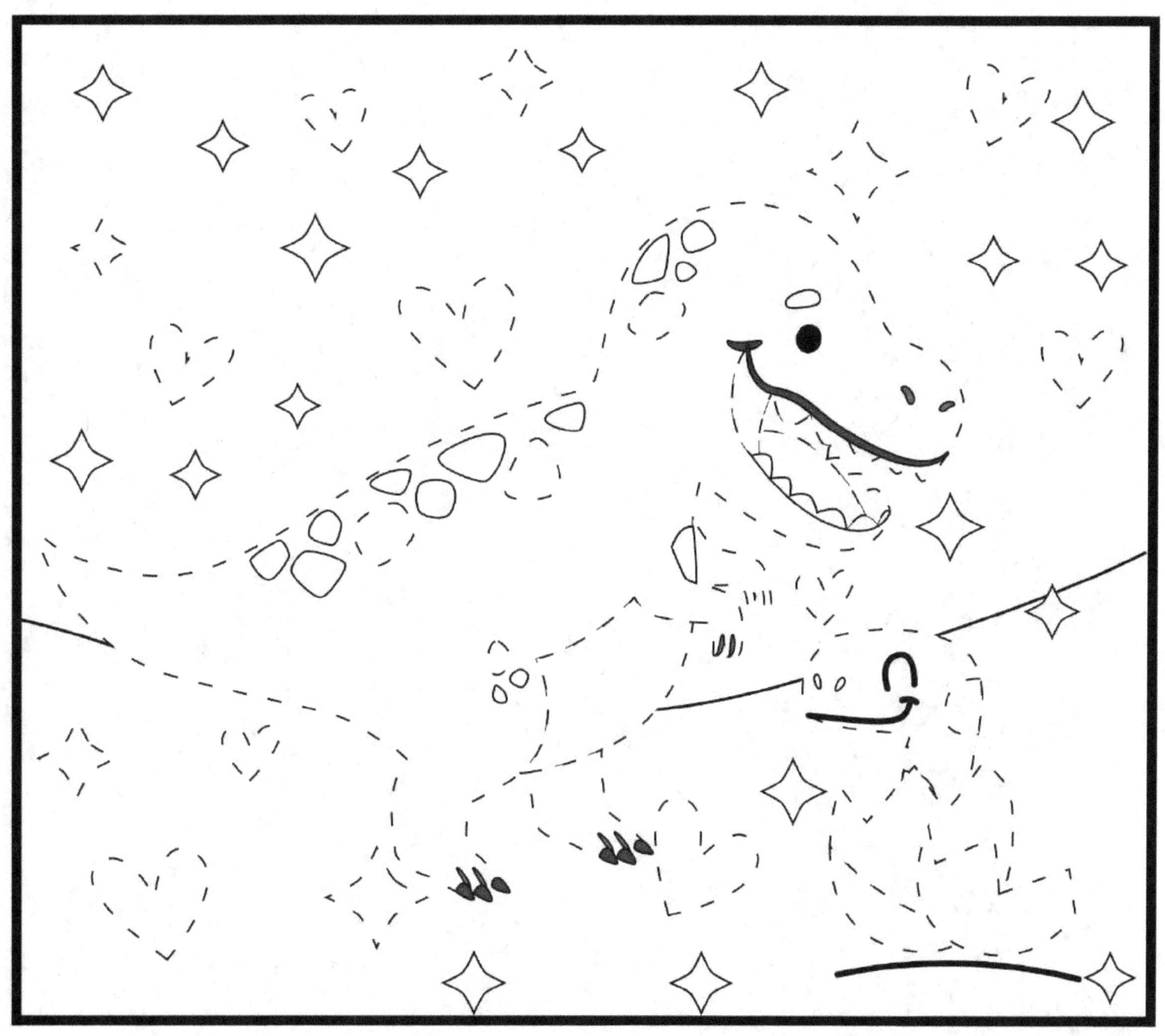

Try To Draw It
And Choose Your Colors!

**Choose the coloring tools you want,
this black page will protect your drawings.**

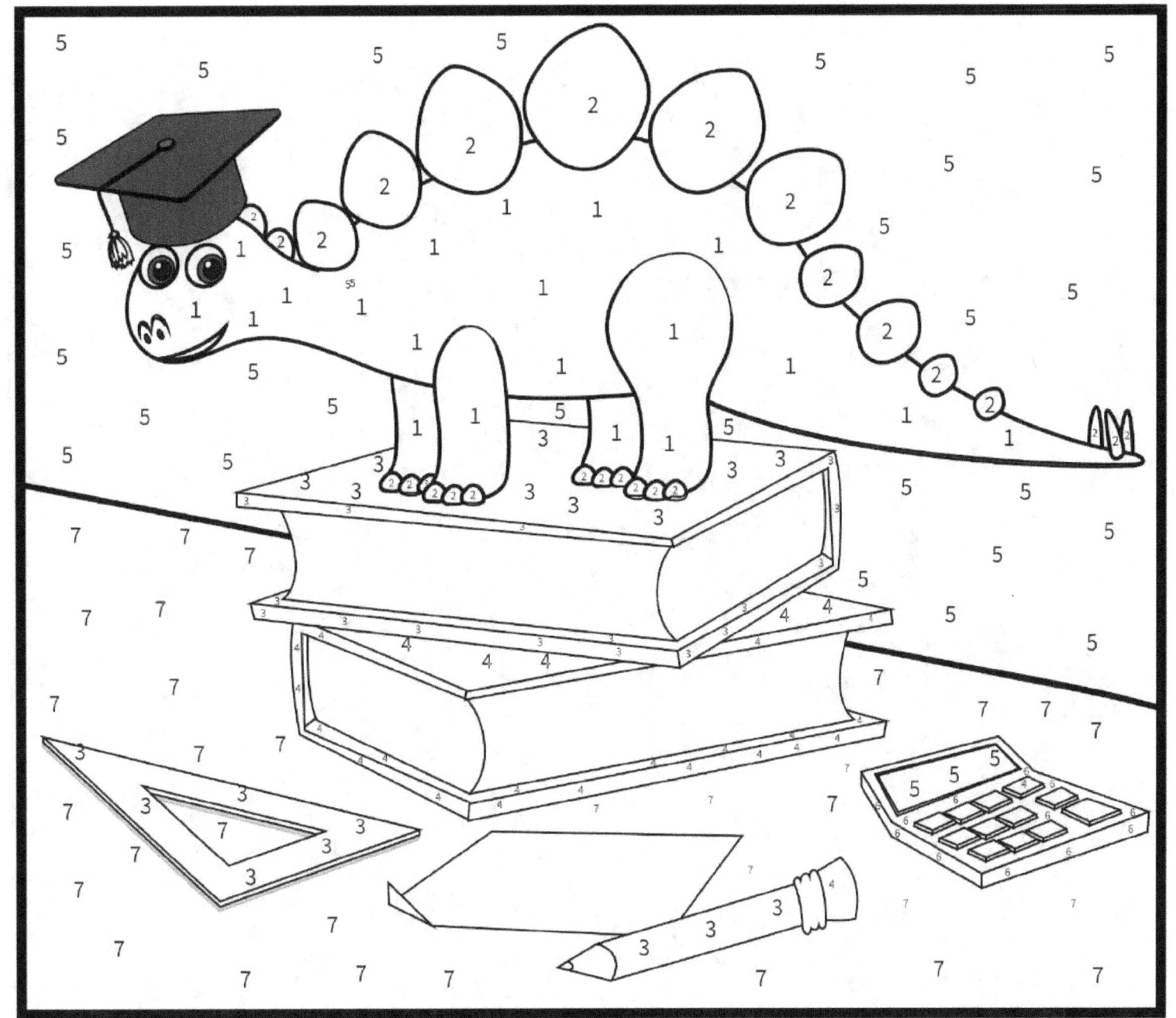

Use the color code to finsh the picture!

- ① Purple
- ② Pink
- ③ Yellow
- ④ Red
- ⑤ Light Blue
- ⑥ Dark Blue
- ⑦ Brown
- ○ White

**Choose the coloring tools you want,
this black page will protect your drawings.**

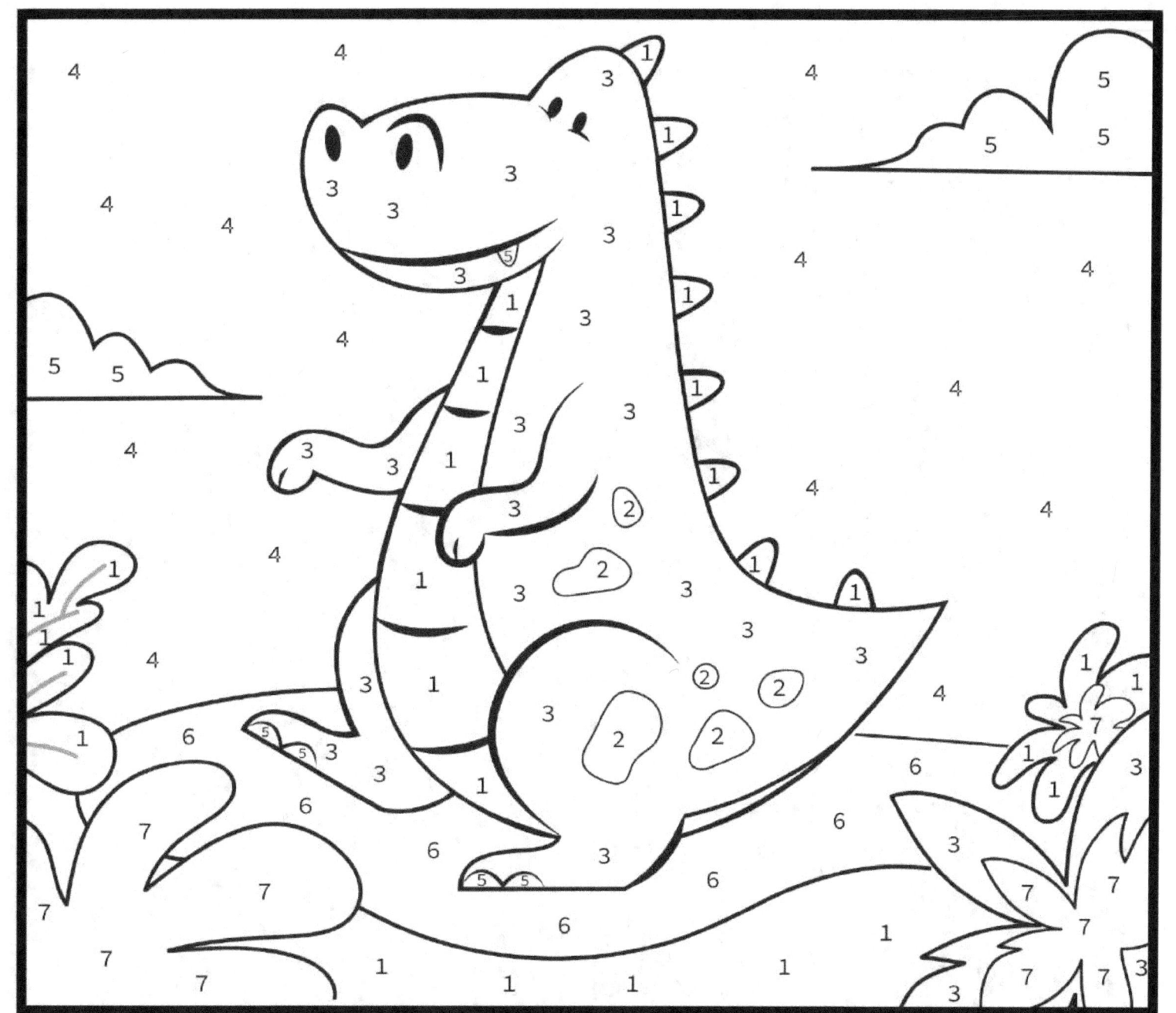

Use the color code to finsh the picture!

① Light Green   ⑤ White
② Yellow   ⑥ Dark Green
③ Pink   ⑦ Purple
④ Blue

**Choose the coloring tools you want,
this black page will protect your drawings.**

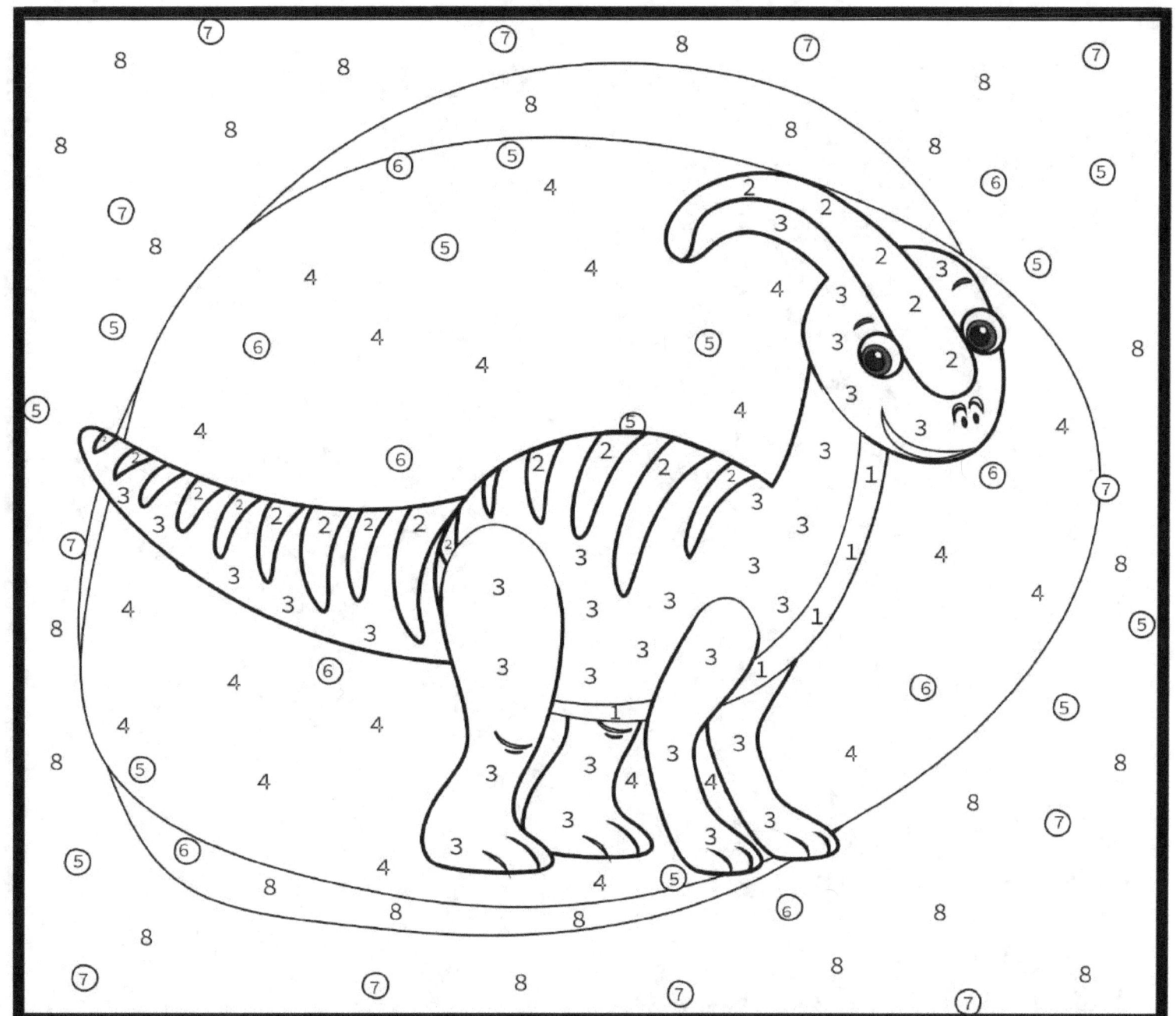

Use the color code to finsh the picture!

①	Yellow	⑤	Purple
②	Light Green	⑥	Orange
③	Dark Green	⑦	Red
④	White	⑧	Pink

**Choose the coloring tools you want,
this black page will protect your drawings.**

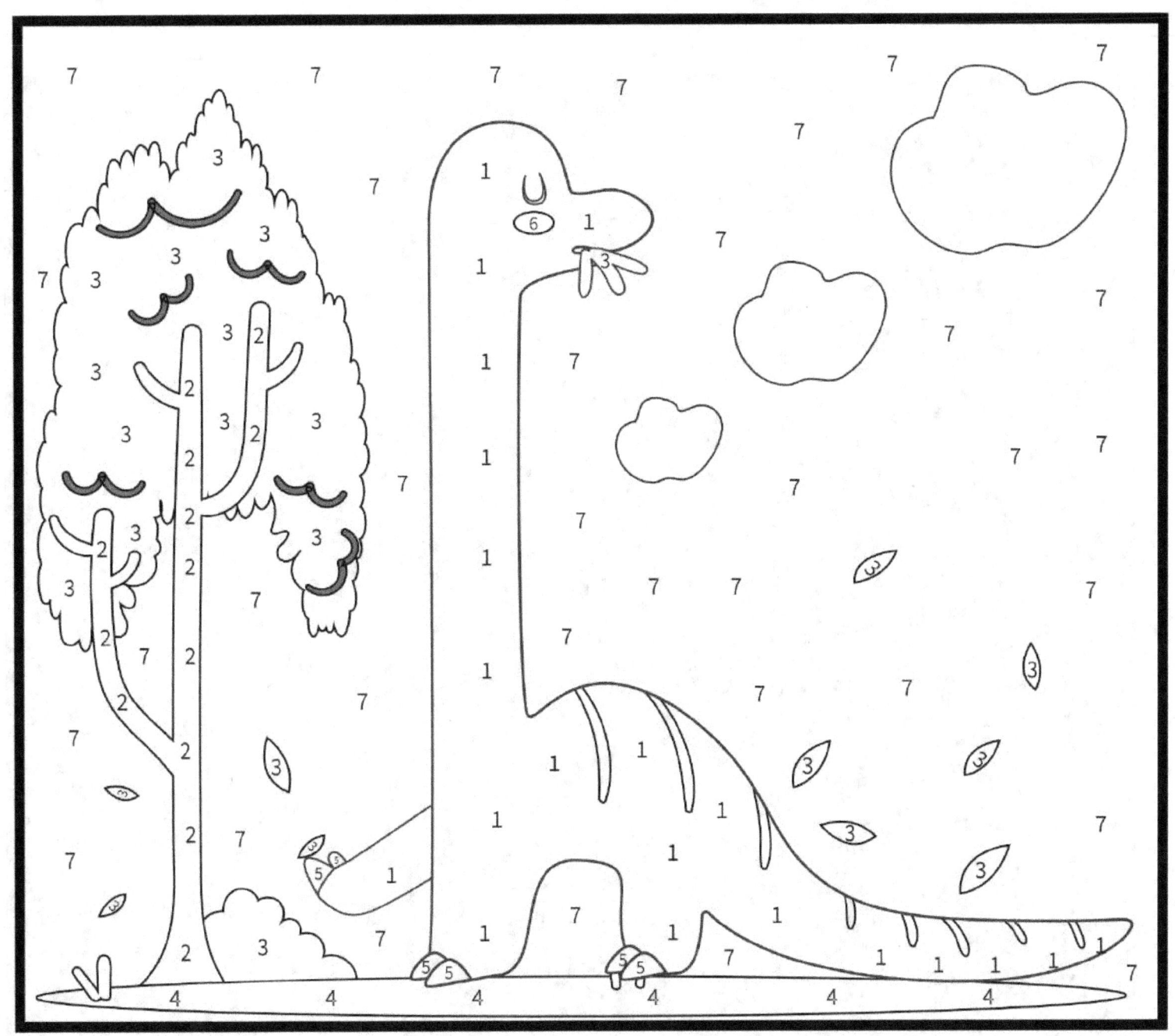

Use the color code to finsh the picture!

① Yellow ⑤ Orange
② Brown ⑥ Pink
③ Dark Green ⑦ Blue
④ Light Green ◯ White

**Choose the coloring tools you want,
this black page will protect your drawings.**

Now, It's Your Turn

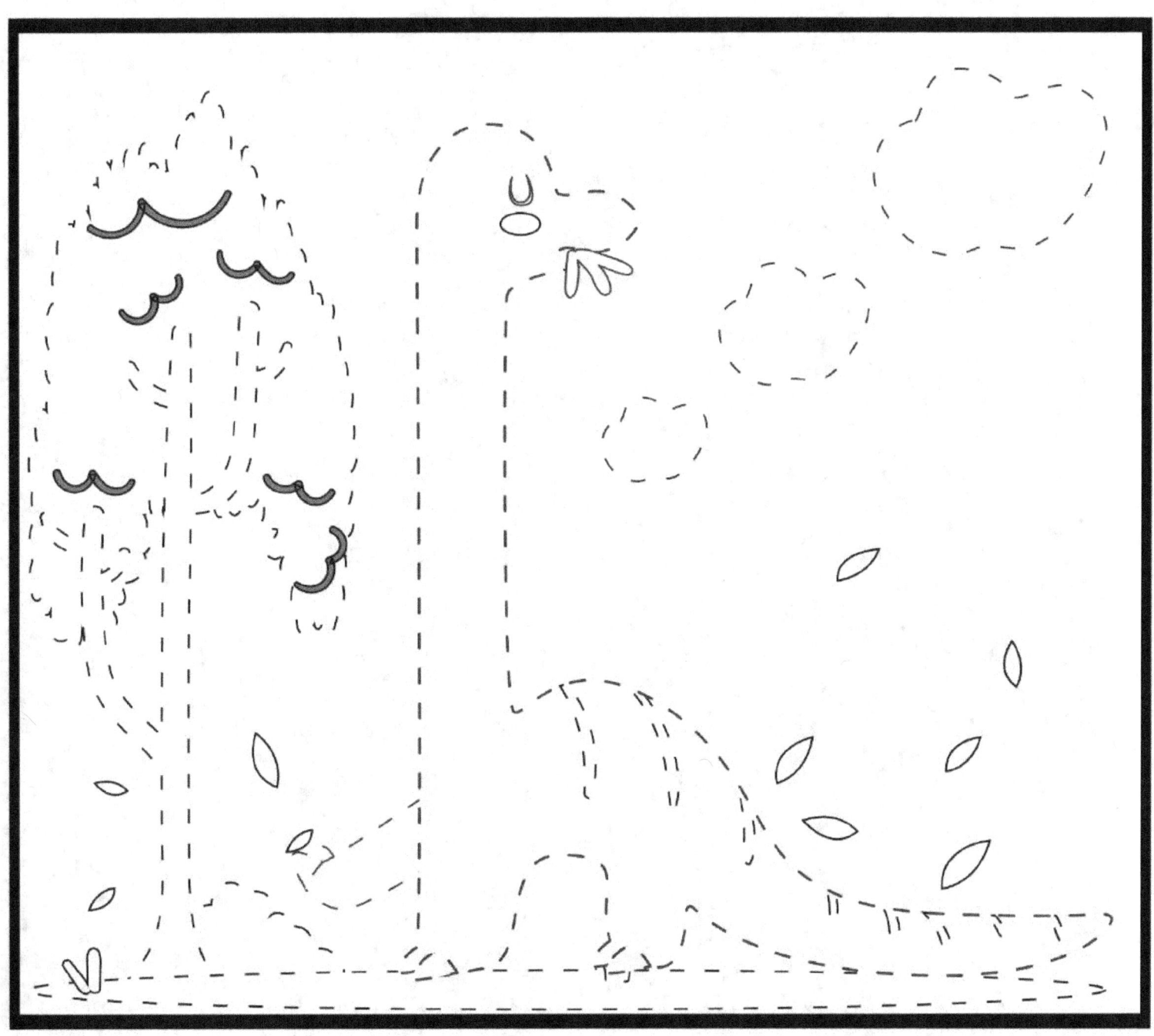

Try To Draw It
And Choose Your Colors!

**Choose the coloring tools you want,
this black page will protect your drawings.**

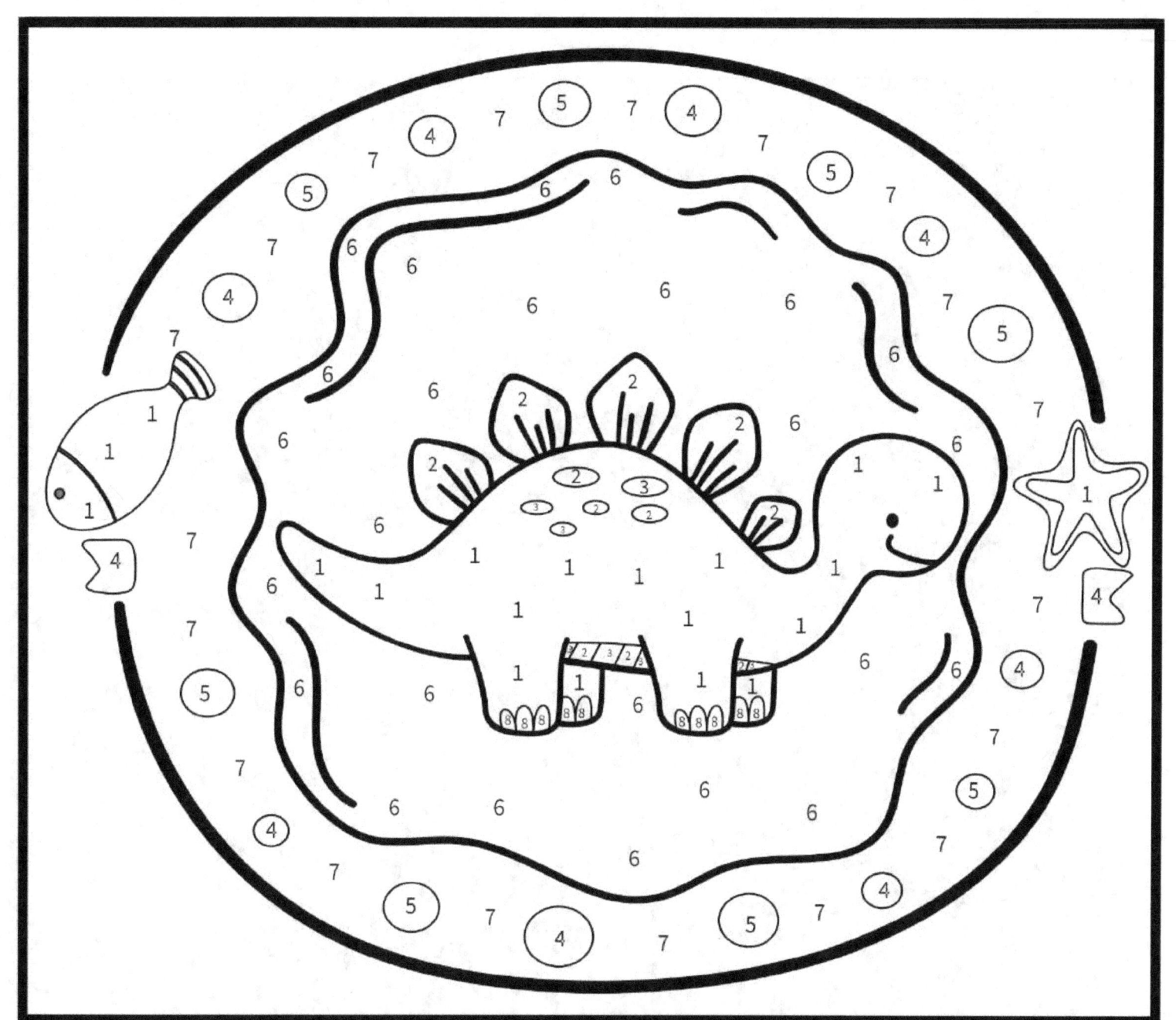

Use the color code to finsh the picture!

① Yellow ⑤ Light Green
② Orange ⑥ Light Blue
③ Red ⑦ Dark Blue
④ Dark Green ⑧ White

**Choose the coloring tools you want,
this black page will protect your drawings.**

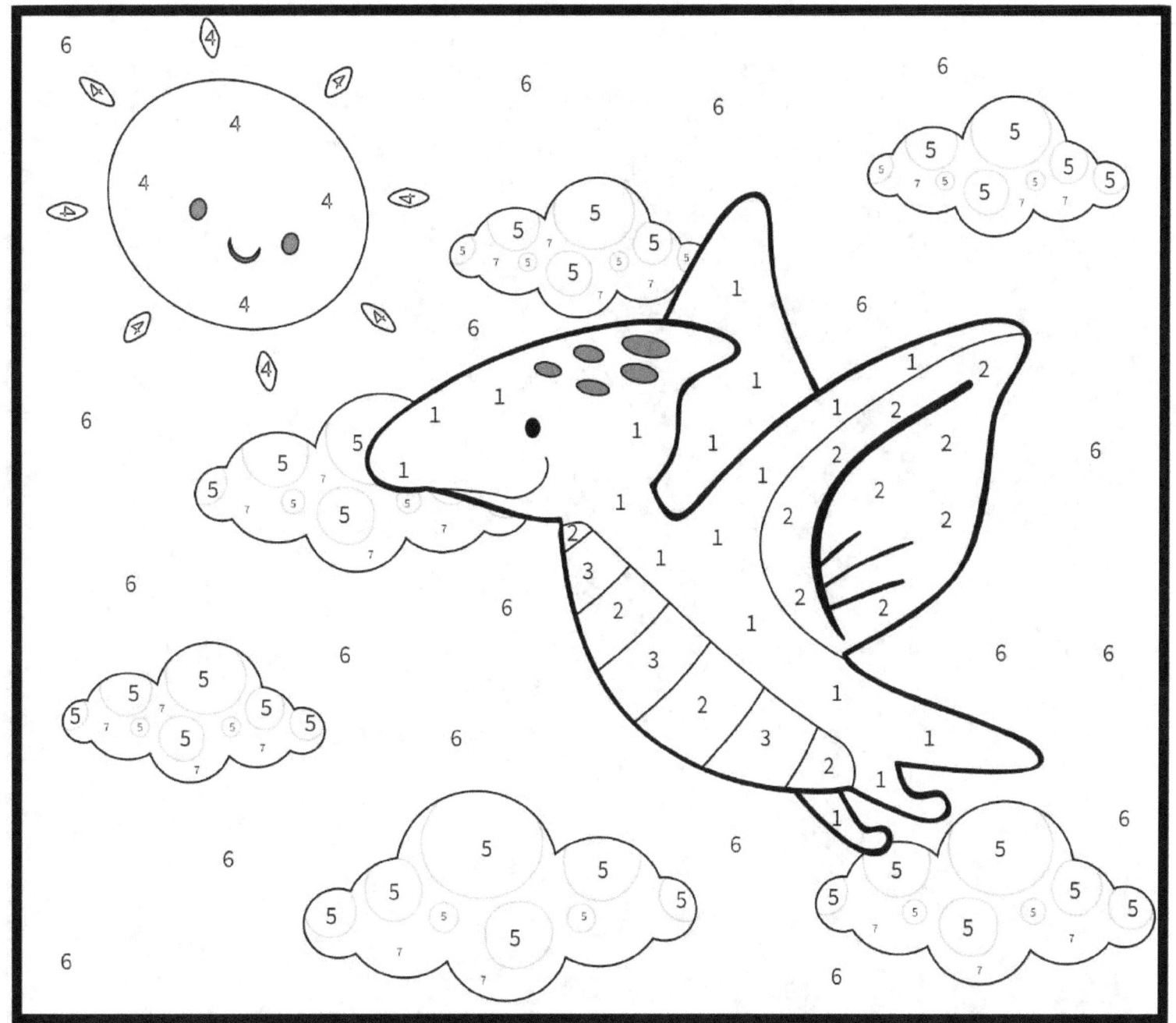

Use the color code to finsh the picture!

① Purple
② Red
③ Orange
④ Yellow
⑤ White
⑥ Dark Blue
⑦ Light Blue

**Choose the coloring tools you want,
this black page will protect your drawings.**

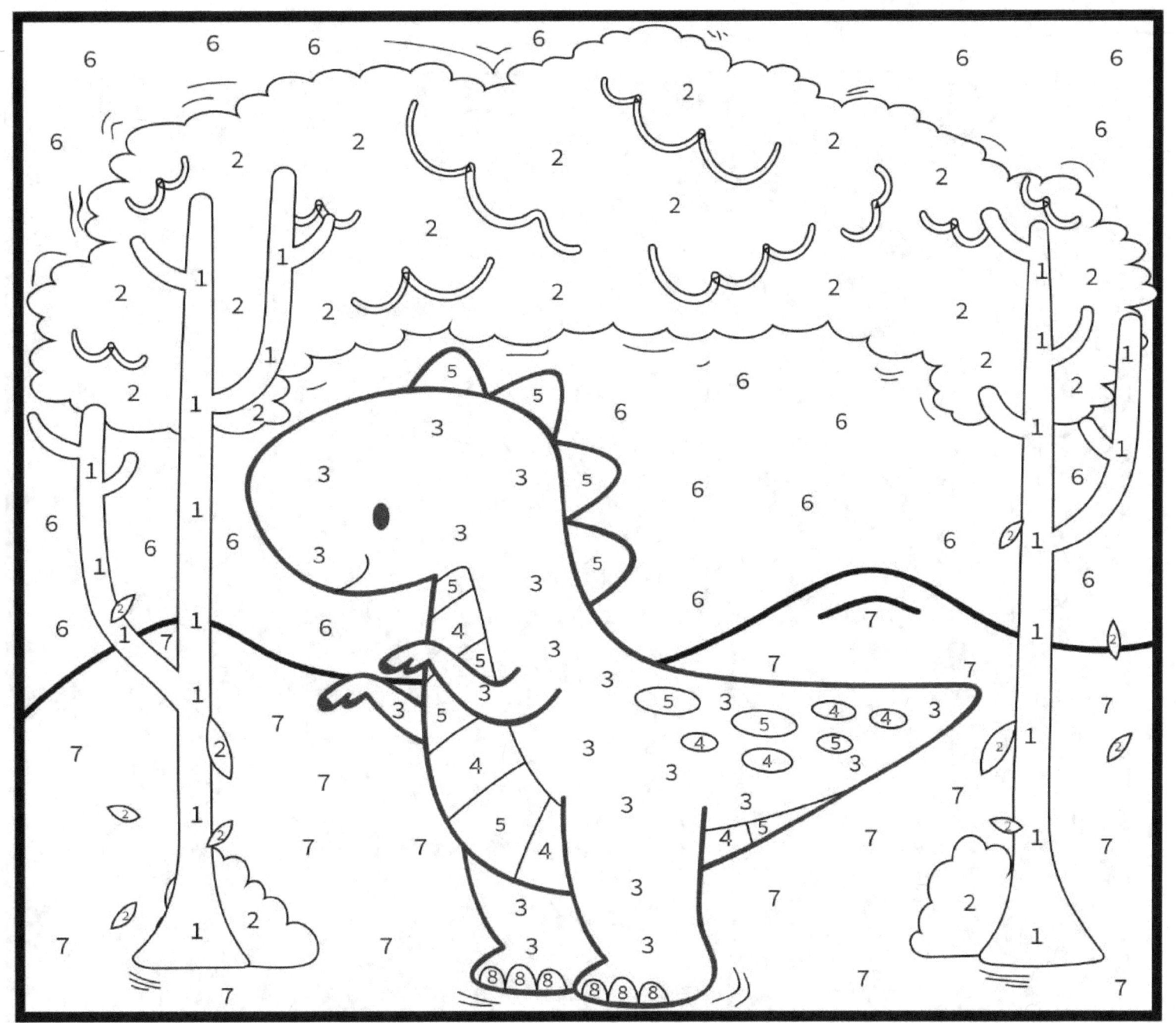

Use the color code to finsh the picture!

① Brown   ⑤ Yellow
② Dark Green ⑥ Blue
③ Red   ⑦ Light Green
④ Orange   ⑧ White

**Choose the coloring tools you want,
this black page will protect your drawings.**

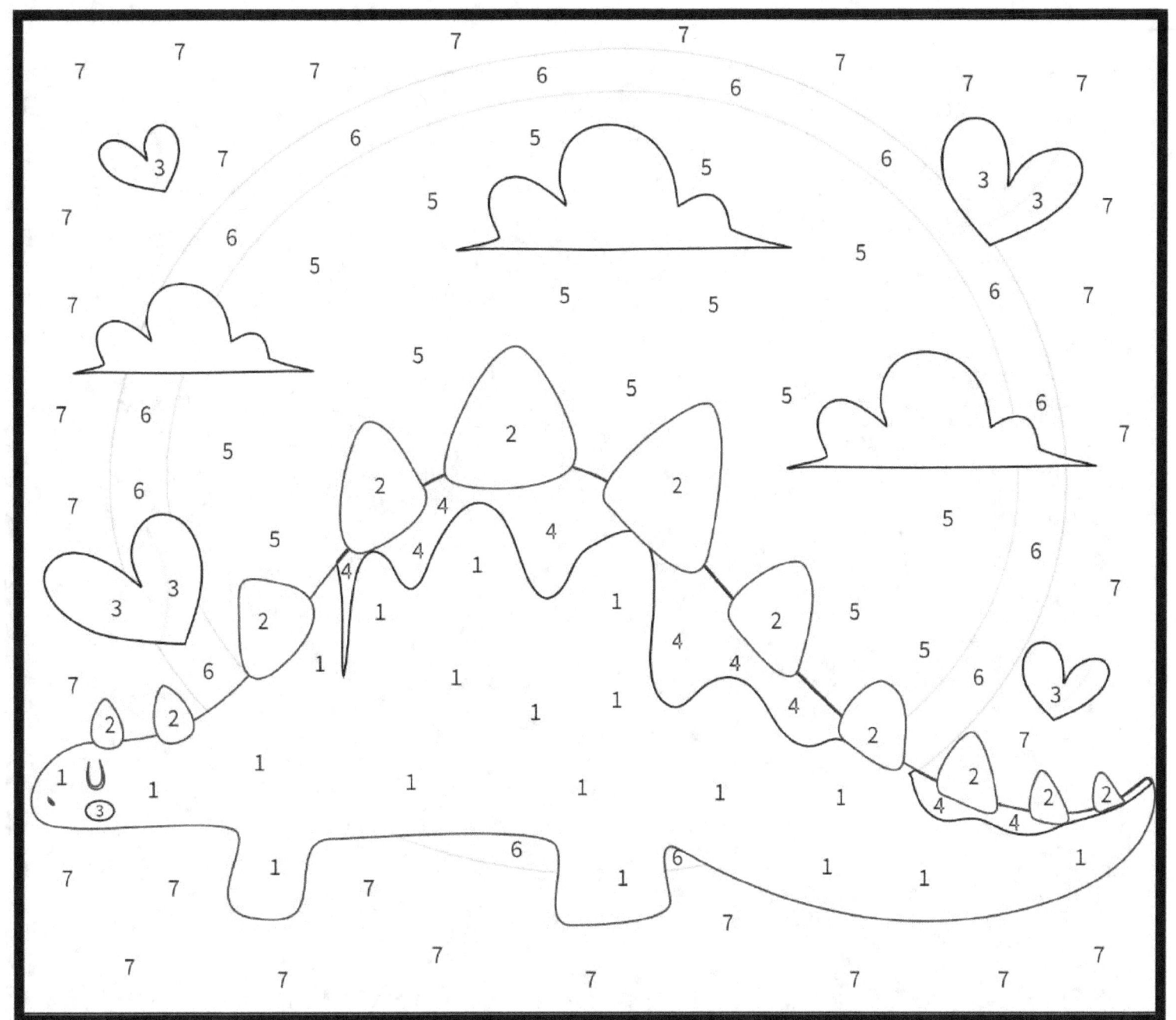

Use the color code to finsh the picture!

- ① Light Green
- ② Dark Green
- ③ Red
- ④ Blue
- ⑤ Yellow
- ⑥ Orange
- ⑦ Brown
- ○ White

**Choose the coloring tools you want,
this black page will protect your drawings.**

Now, It's Your Turn

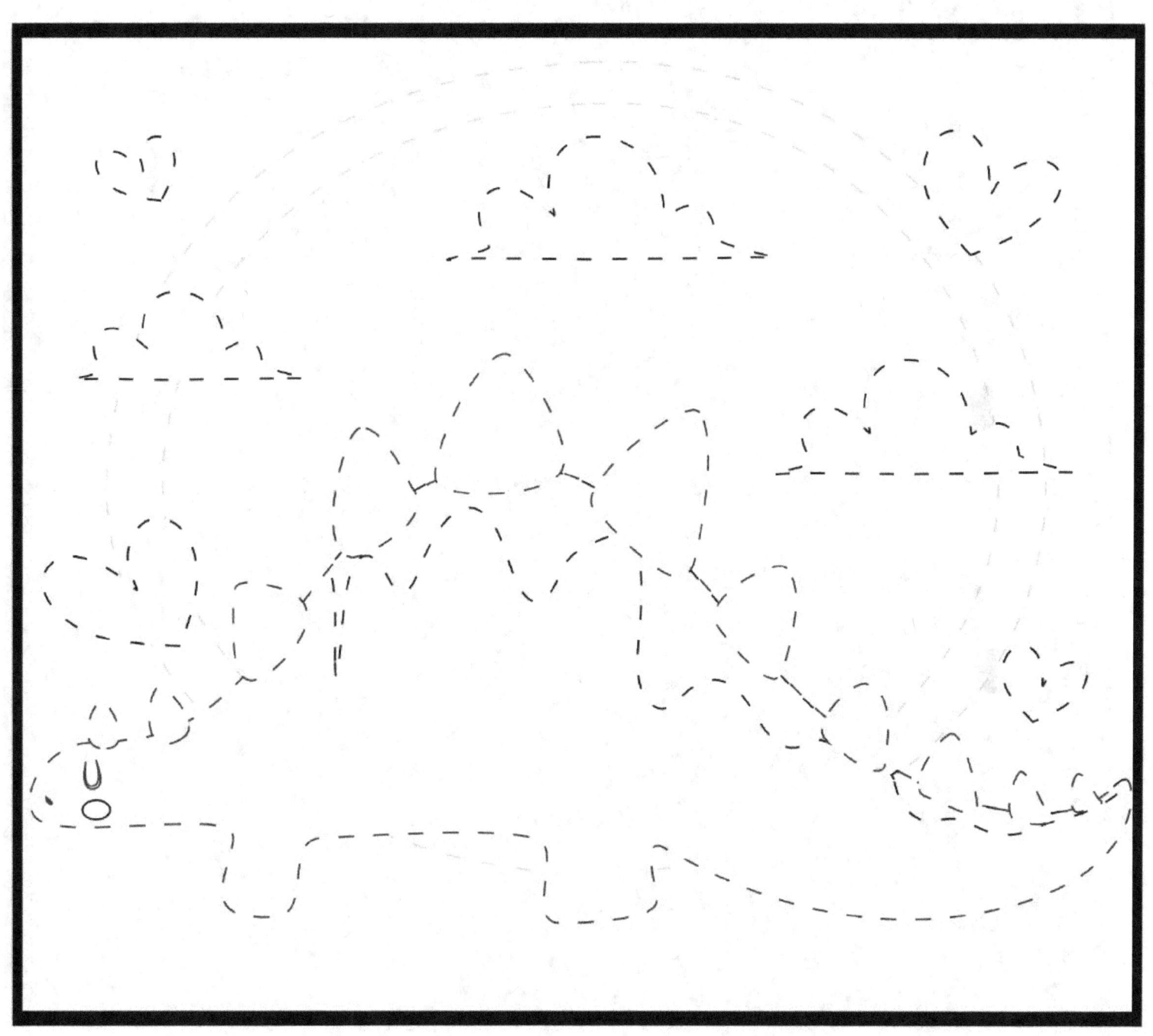

Try To Draw It
And Choose Your Colors!

**Choose the coloring tools you want,
this black page will protect your drawings.**

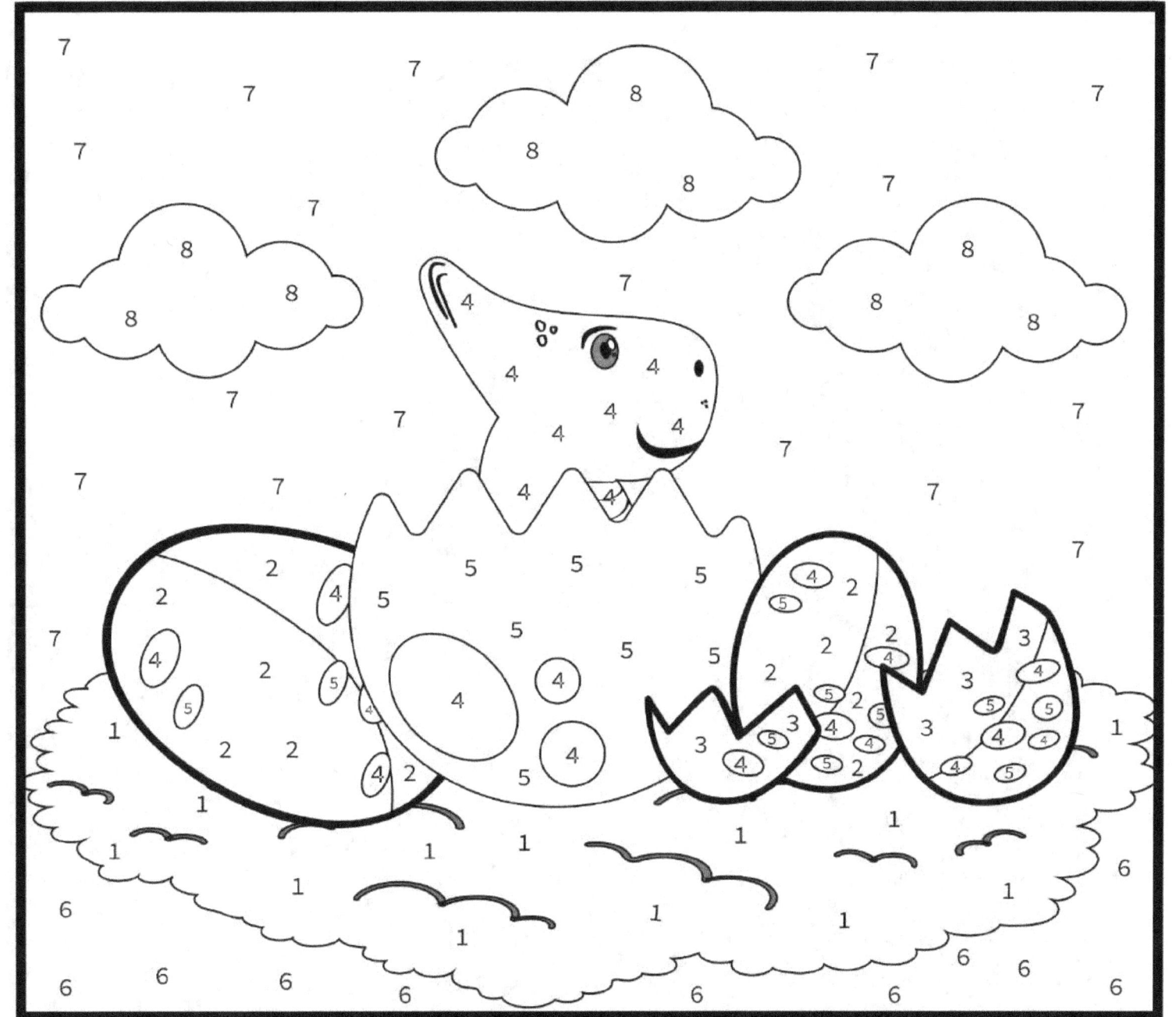

Use the color code to finsh the picture!

① Dark Green   ⑤ Yellow
② Dark Blue   ⑥ Light Green
③ Red   ⑦ Light Blue
④ Orange   ⑧ White

**Choose the coloring tools you want,
this black page will protect your drawings.**

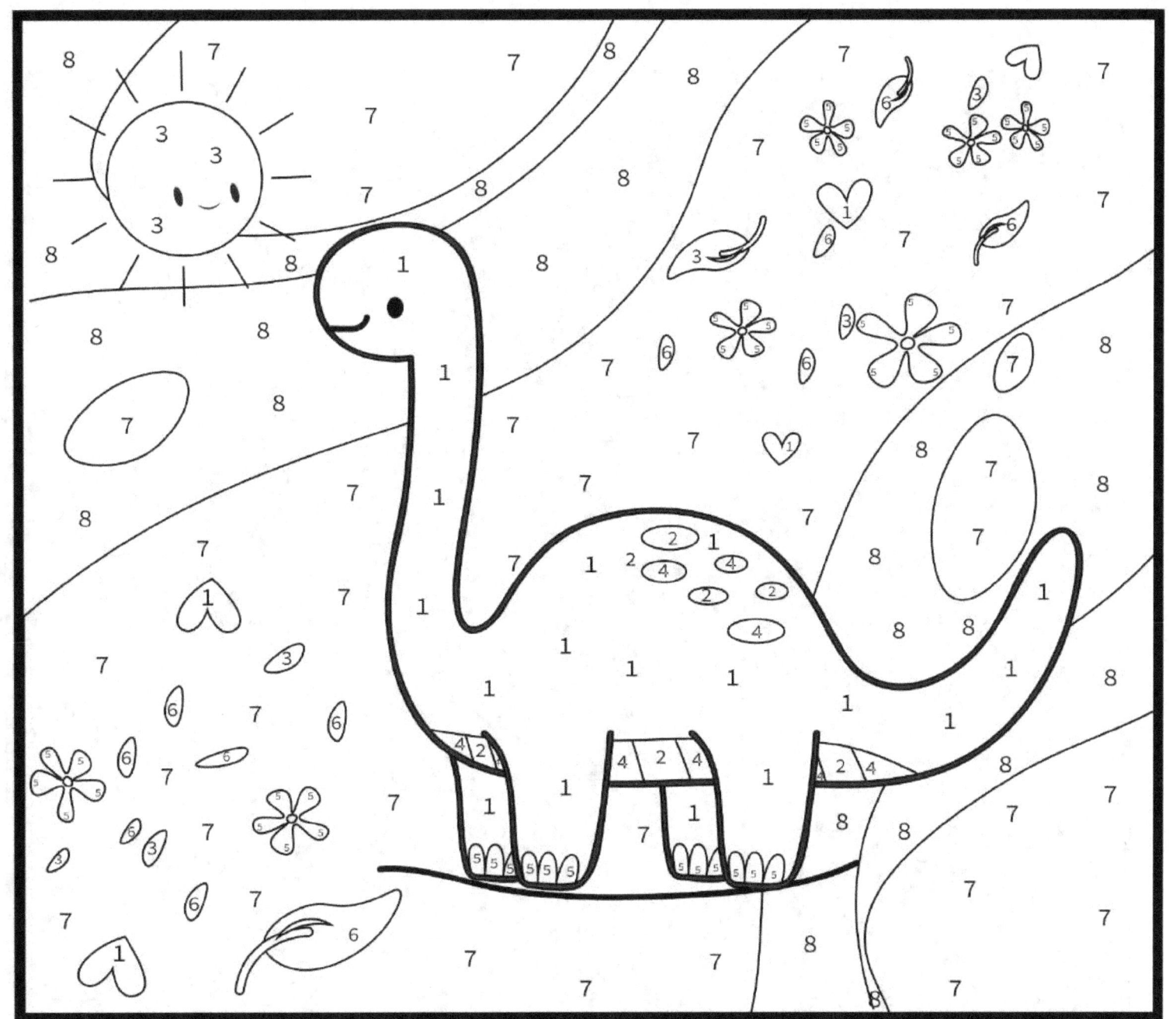

Use the color code to finsh the picture!

①	Red	⑤	White
②	Yellow	⑥	Light Green
③	Dark Green	⑦	Dark Blue
④	Orange	⑧	Light Blue

**Choose the coloring tools you want,
this black page will protect your drawings.**

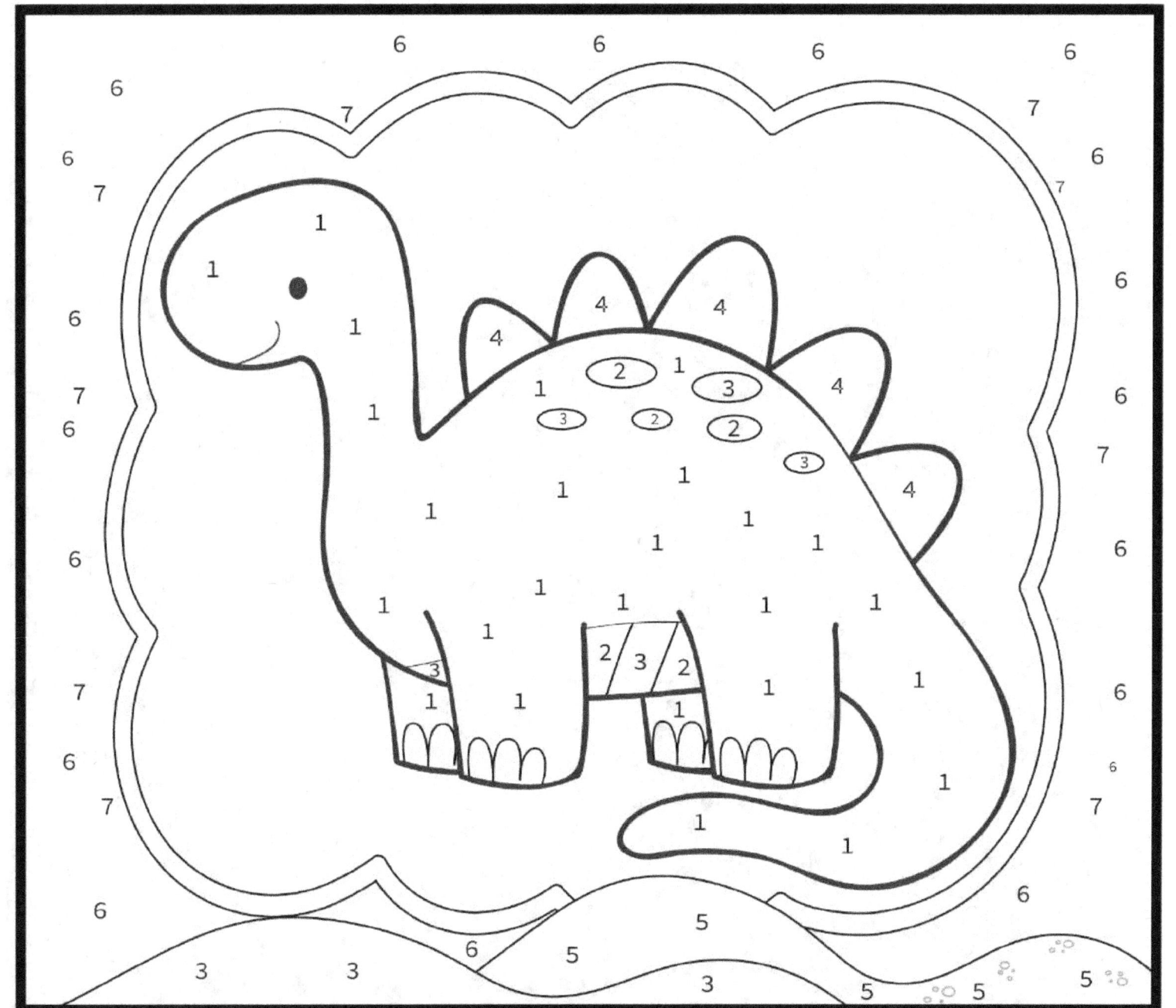

Use the color code to finsh the picture!

① Dark Green
② Light Green
③ Yellow
④ Red
⑤ Brown
⑥ Light Blue
⑦ Dark Blue
○ White

**Choose the coloring tools you want,
this black page will protect your drawings.**

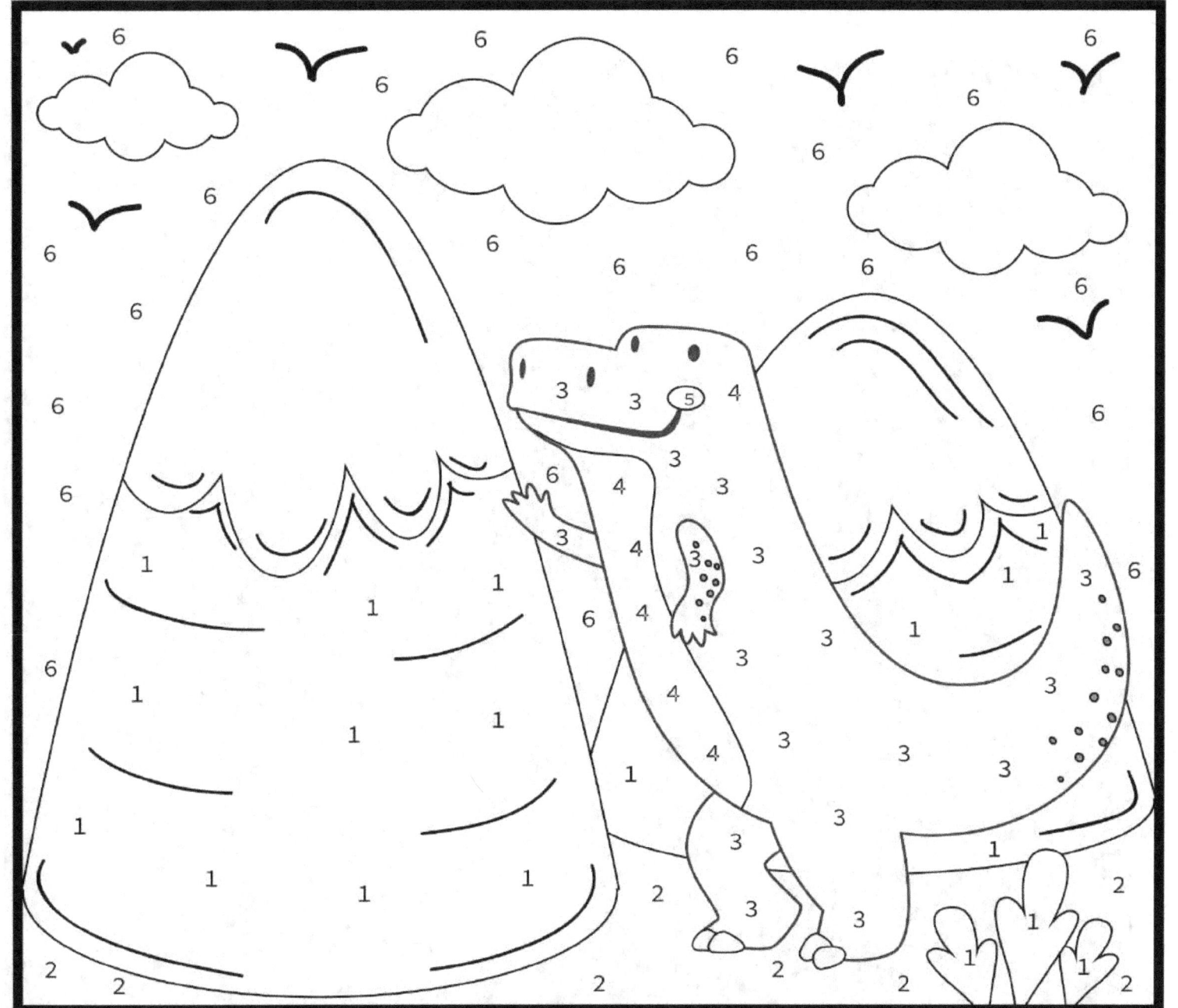

Use the color code to finsh the picture!

① Light Green ⑤ Pink
② Dark Green   ⑥ Blue
③ Brown   ○ White
④ Yellow

**Choose the coloring tools you want,
this black page will protect your drawings.**

Now, It's Your Turn

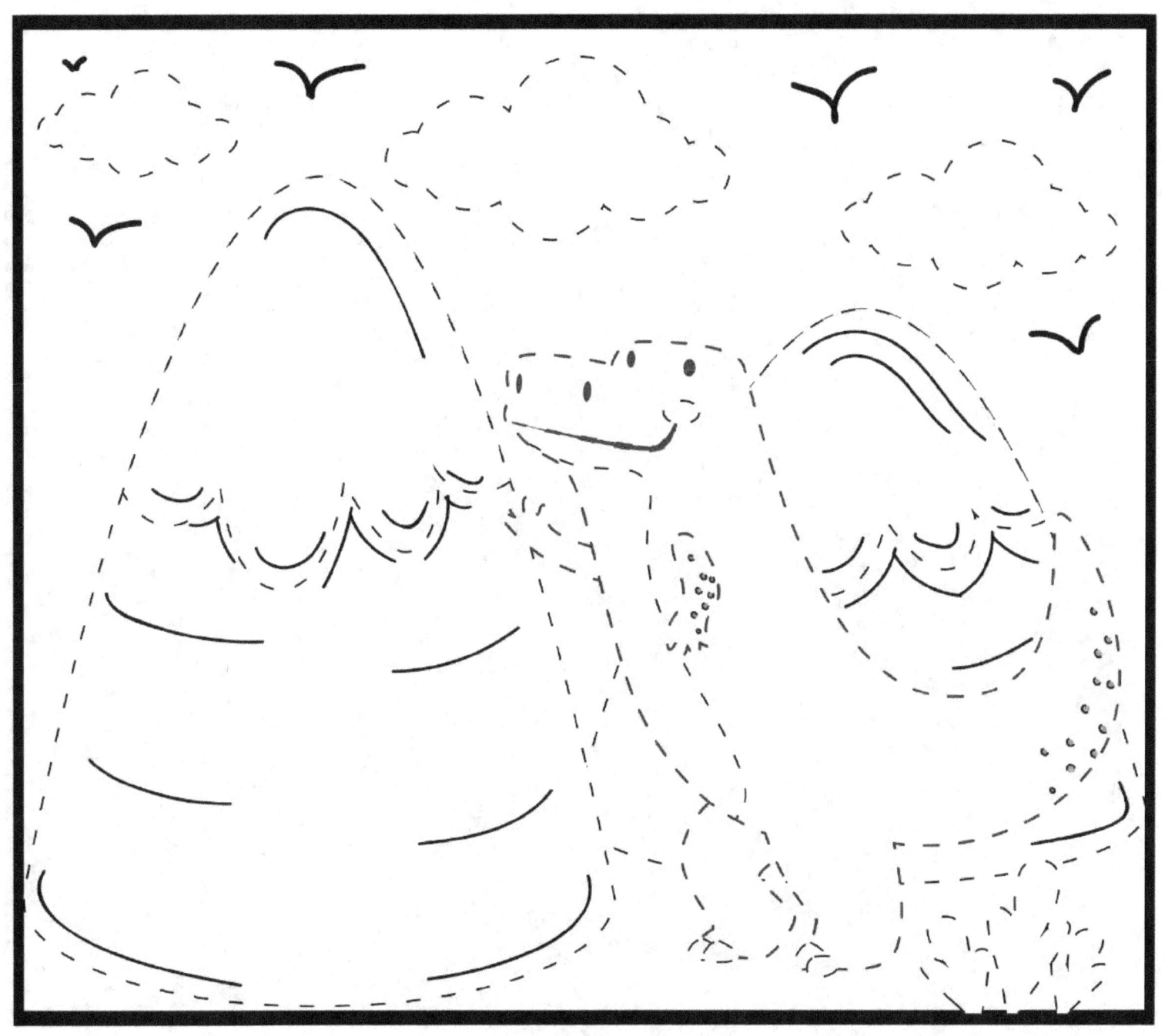

Try To Draw It
And Choose Your Colors!

**Choose the coloring tools you want,
this black page will protect your drawings.**

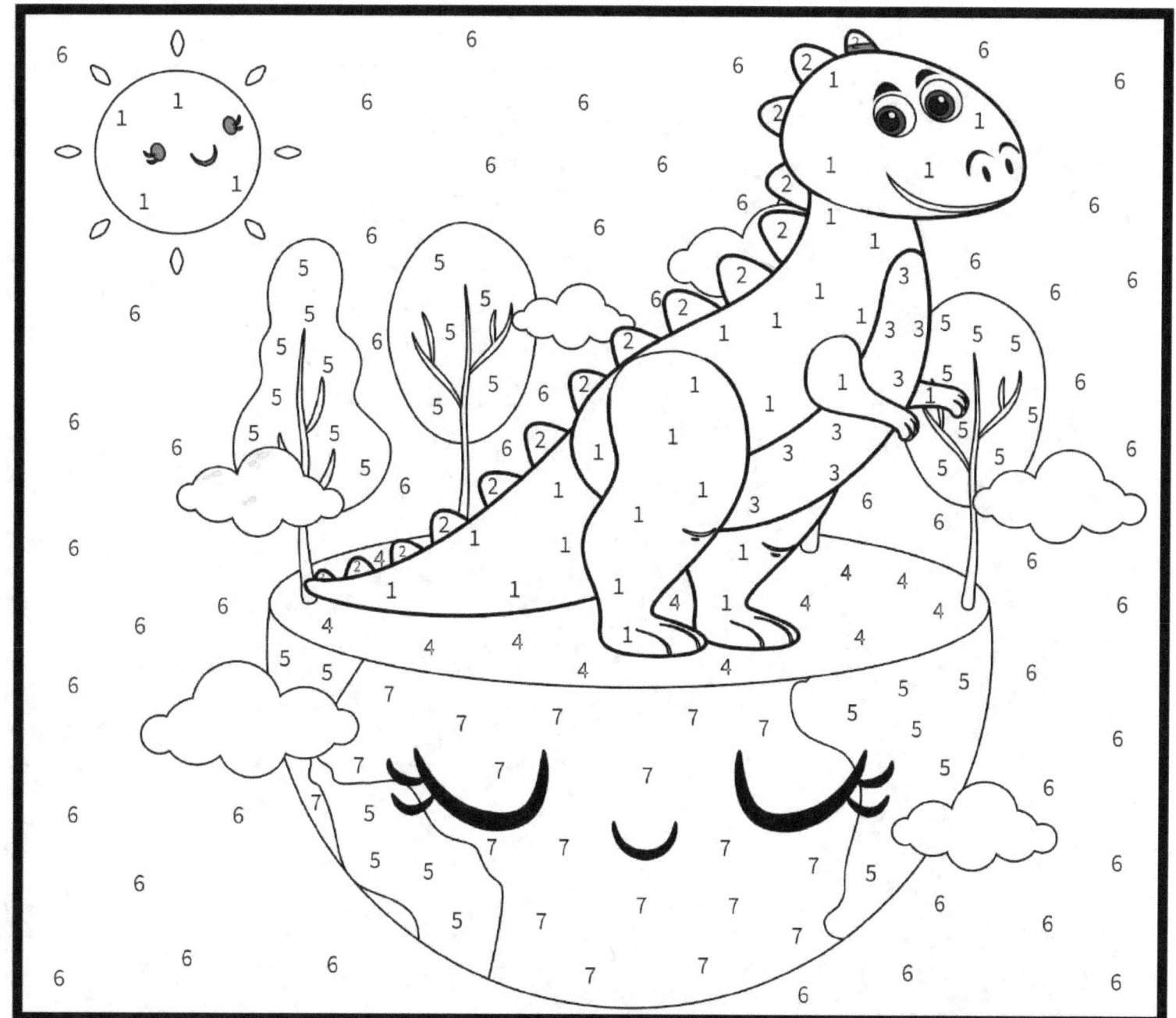

Use the color code to finsh the picture!

① Orange ⑤ Dark Green
② Purple ⑥ Dark Blue
③ Yellow ⑦ Light Blue
④ Light Green ○ White

**Choose the coloring tools you want,
this black page will protect your drawings.**

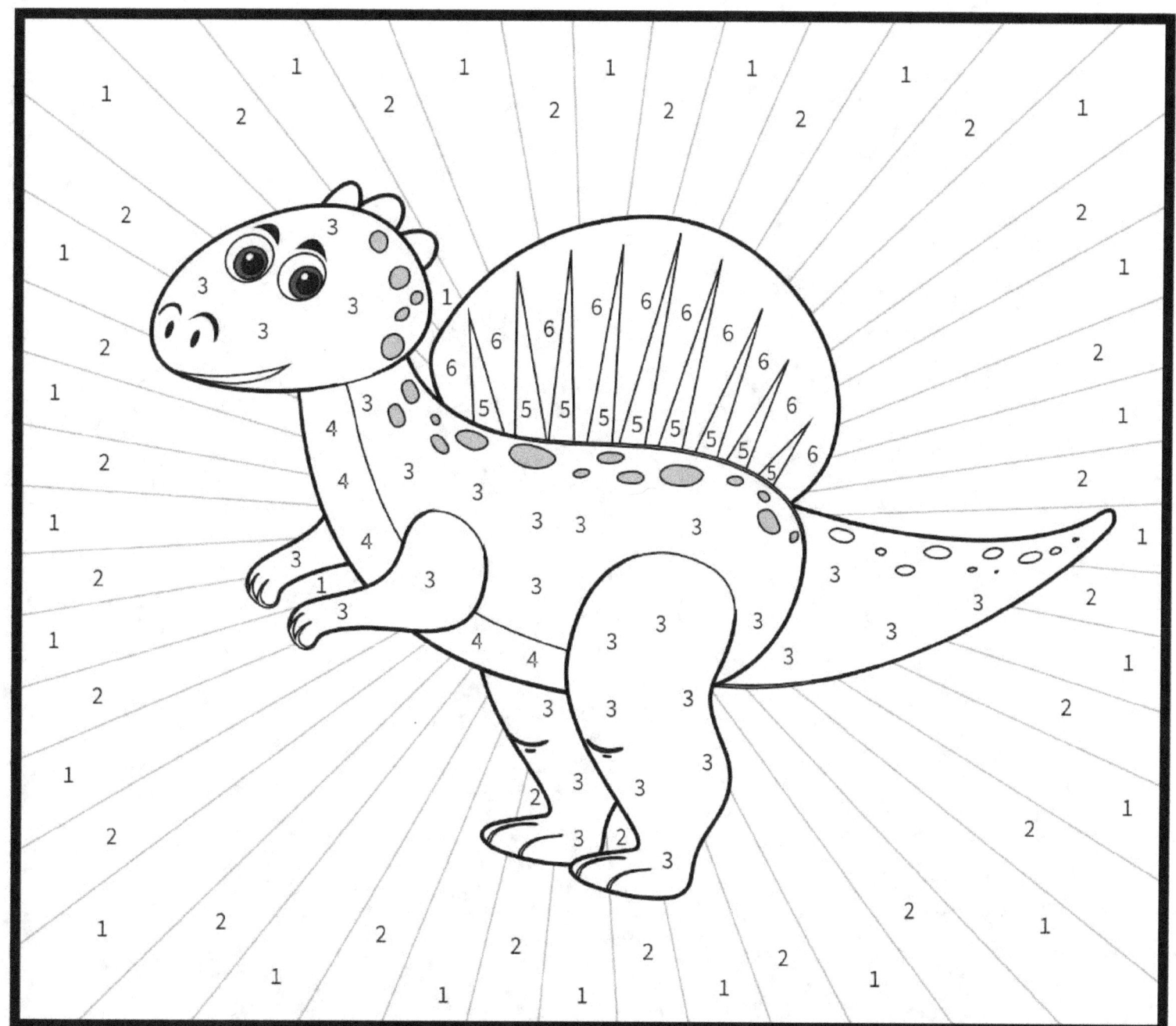

Use the color code to finsh the picture!

① Dark Blue ⑤ Orange
② Light Blue ⑥ Yellow
③ Purple
④ Green

**Choose the coloring tools you want,
this black page will protect your drawings.**

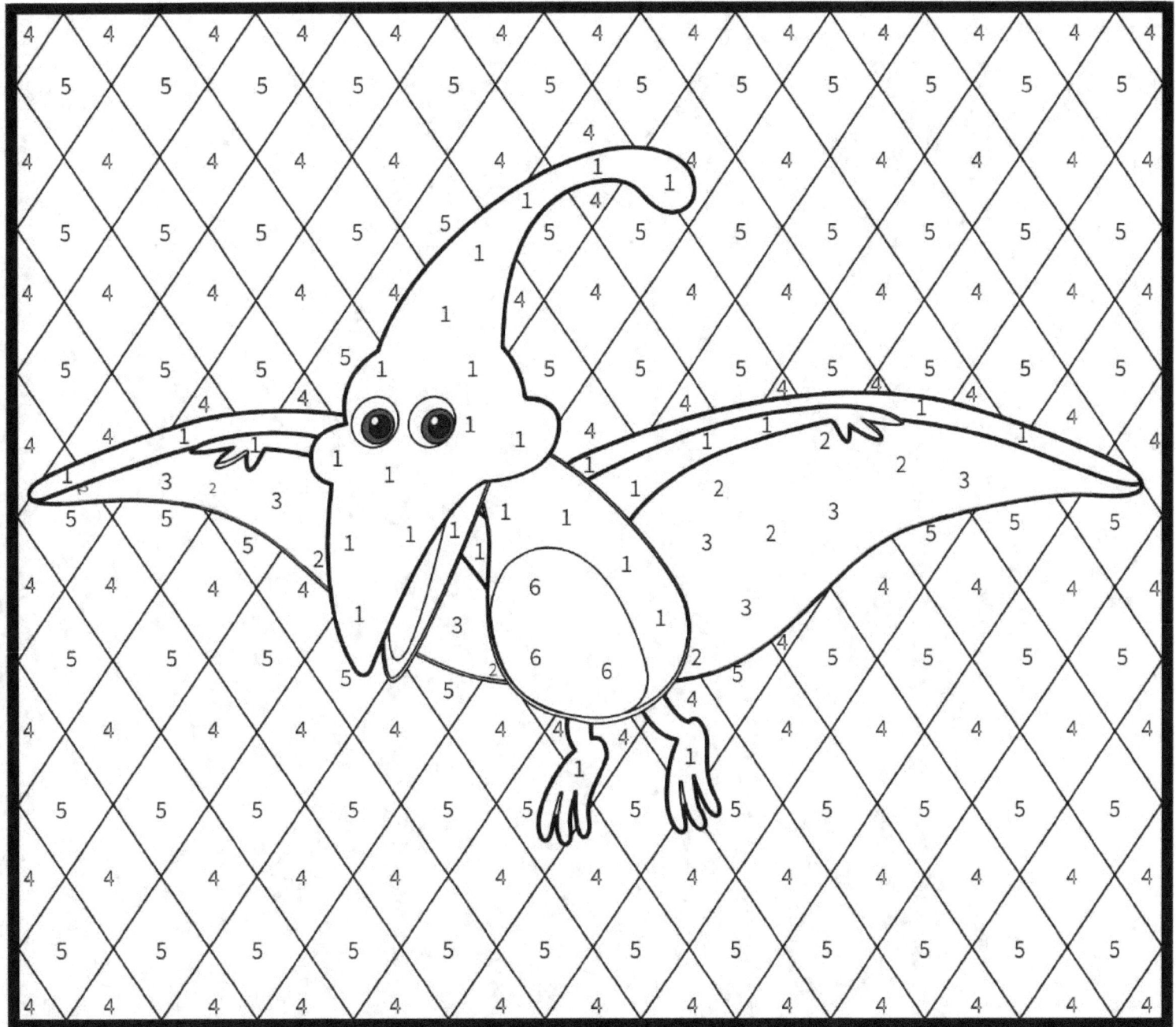

Use the color code to finsh the picture!

① Dark Blue
② Light Blue
③ Light Green
④ Yellow
⑤ Orange
⑥ Dark Green
○ White

**Choose the coloring tools you want,
this black page will protect your drawings.**

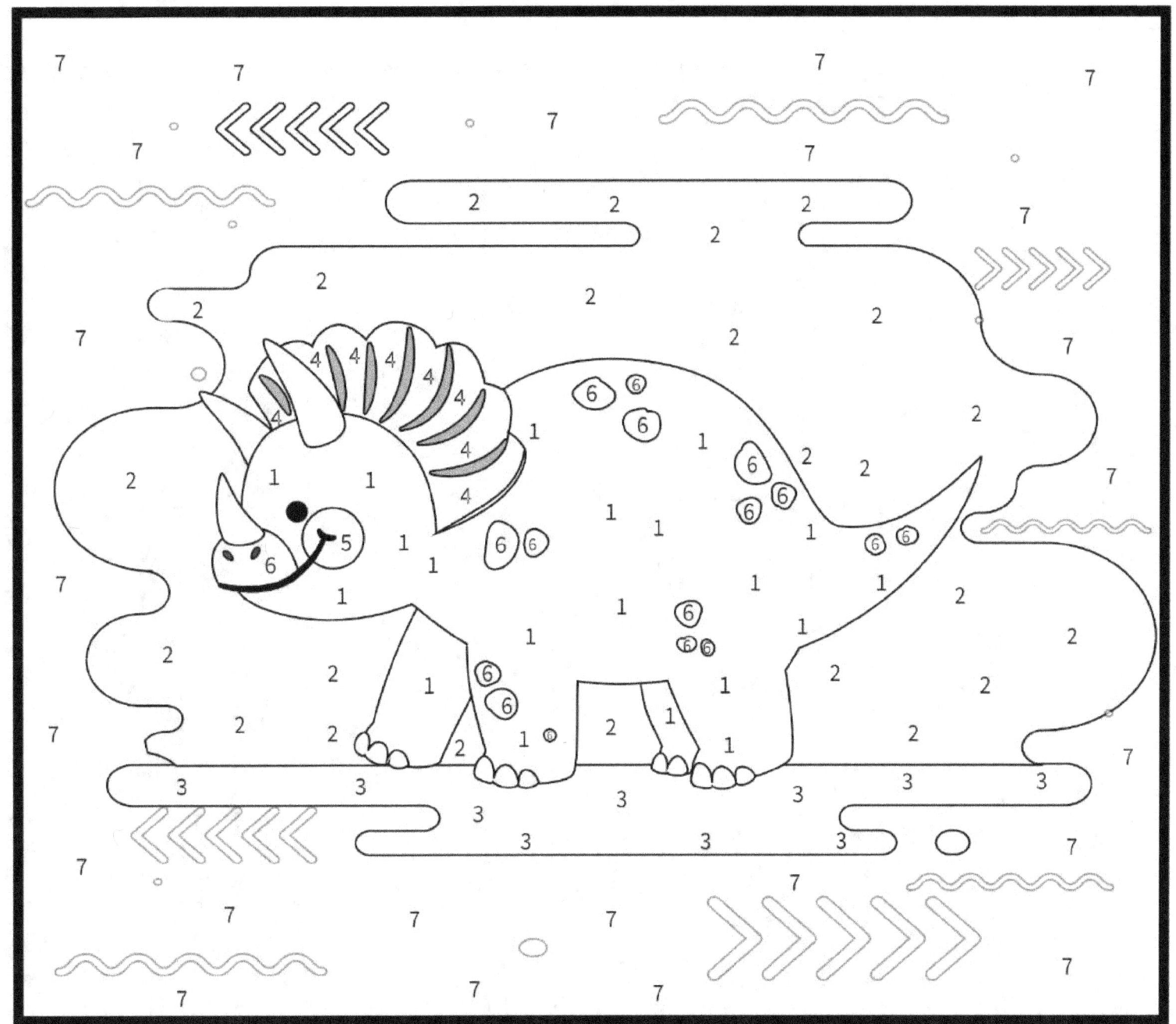

Use the color code to finsh the picture!

① Light Blue   ⑤ Red
② Yellow   ⑥ Purple
③ Dark Green   ⑦ Light Green
④ Dark Blue   ○ White

**Choose the coloring tools you want,
this black page will protect your drawings.**

Now, It's Your Turn

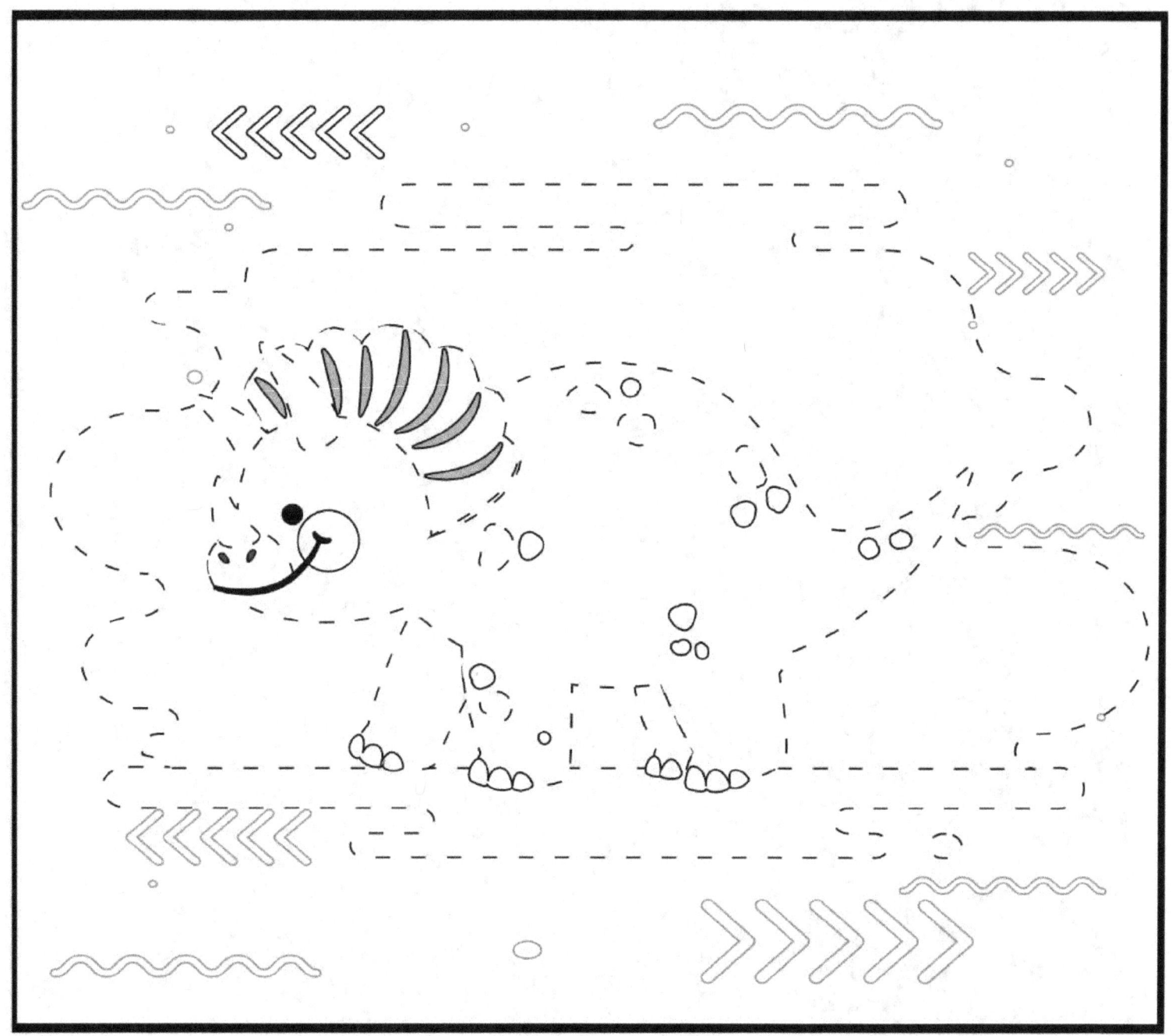

Try To Draw It
And Choose Your Colors!

**Choose the coloring tools you want,
this black page will protect your drawings.**

www.ingramcontent.com/pod-product-compliance
Lightning Source LLC
Chambersburg PA
CBHW081058240526
45465CB00025B/2712